W0312036

Brooklyn ist

diaphanes
broschur

James Agee

Brooklyn ist
Südöstlich der Insel: Reisenotizen

Aus dem Englischen von
Sven Koch und Andrea Stumpf

Mit einem Vorwort von
Jonathan Lethem

diaphanes

Jonathan Lethem

Agees Brooklyn

Ich will versuchen, eine Antwort auf James Agees Gedicht über Brooklyn zu finden, einen Gegengesang zu diesem erstaunlichen, verborgenen Lied, das nie ganz entdeckt wurde, aber auch nicht zu verkennen ist und gleich dem Herz Brooklyns mit wunderbarem, chaotischem Ungestüm pocht. Agee ist ein liebender, erregbarer und trauriger Sänger; seine Prosa treibt die Schreibweise eines Walt Whitman ins nächste Jahrhundert, lässt den bedeutendsten Sänger von Amerikas Identität auf die schmuddelige, schrankenlose, vielsprachige Ansammlung aufeinanderfolgender Einwandererhorden verschiedener Generationen prallen und stimmt die künftigen Lieder auf dieses Nicht-Manhattan an, welche nur von den Söhnen und Töchtern der Einwanderer selbst geschrieben werden konnten – Malamud, Fuchs, Paley, Gornick, Marshall –, auch wenn Agee genau wie Whitman scheinbar jeden Autor, der sich seither Brooklyn näherte, vorwegnahm und ihm vorausging: Henry Miller, Paula Fox, ich selbst. Wie auf einer Woge rauschen Agees Atem und Stimme aus weit zurückliegender Zeit und weit vorausweisend an uns heran, von seiner Wortmacht vorangetrieben strömt jede Silbe auf den Fluten der Geschichte – Agee gleicht einem Wellenreiter der Vergangenheit, stets in Gefahr, vom hohen Wellenkamm der Zeit herabgerissen und verschlungen zu werden, und ihn stets meisternd. So sehr er Sänger ist, ist er auch Maler und malt mit Worten die sonnengebleichten Sandsteinfassaden von Slope und Heights und Hill, die Schindeln und den Putz von Flatbush und Greenpoint, die Graffiti und die Werbetafeln, die wie Fingerzeige für künftige Archäologen zurückgelassen wurden – er handhabt die Sprache mit derselben Liebe und Melancholie, wie Mark Rothko bei seinen U-Bahn-Bildern oder Philip Guston bei seinen Straßenszenen den Pinsel führten, bevor beide ihre Zuneigung zur Stadt in die Abstraktion fließen ließen. Wie berauscht von Raum und Geometrie und Distanz, beschreibt er das Leben der Stadt als Ganzes und gleichzeitig als mikroskopische Miniatur und lässt Architektur und Gefühl aufeinanderprallen. Schon in kleinen Wendungen wie einem »spöttischen Sims«, einer »verlebten Villa«, einem »halbfertigen Park mit der seltsam unausgereiften Nacktheit aller jüngeren staatlichen Verschönerungsmaßnahmen«, »heruntergelassenen, atmenden Rouleaus« oder »asphaltischen Schindeln« (sein Neologismus spielt an auf »asthmatisch«, »exaltiert«, »sephardisch« und was noch alles) drückt sich seine Überzeugung aus, dass die von den irren Invasoren dieses Kontinents und den ihnen nachfolgenden Flüchtlingen besiedelte Inselgruppe, dass das Wesen der Gebäude, Straßen und Schilder, mit denen die Arrivierten die New Yorker Inseln überzogen haben, in der Erfahrung jedes, auch Agees eigenen Lebens eingelassen ist, selbst wenn es nur kurz dort gelebt wurde. Anders gesagt, die Gestalt des Landes – und die der Häuser, Bäume, Straßen und U-Bahnen, die jetzt unter diesen verkehren – hat alle unterjocht, zivilisiert und korrumpiert, die gekommen waren, um das Land zu unterjochen, zu zivilisieren und zu korrumpieren; sie machten es zu etwas Fremdem, und im Gegenzug wurden sie davon zu Fremden gemacht. Gleich zu Beginn spricht Agee die zwei Seiten Brooklyns an, den Widerspruch zwischen dem seltsamen, eingebildeten Unterlegenheitsgefühl des Stadtbezirks wegen seiner Nachbarschaft zu Manhattan und seiner schieren dumpfen Größe, seiner Gleichgültigkeit gegenüber Versuchen, es zu fassen – auch denen Agees. Dennoch öffnete er sich der kollektiven Gegenwart so weit, dass man wahrhaft sagen kann, er habe jede Ikone Brooklyns anklingen lassen, jeden glorreichen Fetzen einer kaputten Kultur, den sich ein Brooklyner anheften könnte, weil er meint, nur er würde ihn wertschätzen, er erwähnt jeden magischen

Namen, Ex-Lax, Adelphi, DeKalb, er entdeckt in den rätselhaften Namen die lebendige Poesie des Steins, verwebt die Zeiten miteinander, spricht zu jedem Bewohner Brooklyns, den vergangenen und den künftigen. So zeichnet Agee an einer Stelle eine vernichtende Miniatur von der Blasiertheit in Brooklyn Heights (unterschrieben mit: *die Götterdämmerung*), wenn er von der Angst seiner versnobten Gastgeber berichtet, dass »nur zwei Blocks von uns entfernt« »Neger« und »Syrer« lebten; eben diese Syrer besitzen heute ganze Straßenzüge in besagtem Viertel und es ist mehr ihres als das irgendeiner anderen Wählerschaft (und wo bleibt der große Roman über das Leben der arabisch-amerikanischen Einwanderer in der Atlantic Avenue?); auch die Vermieter meiner Wohnung in der Bergen Street, in der ich in diesem Moment sitze und Agee mir, meine ich fast, über die Schulter blickt, sind Syrer. Die Sprache des Essays schließlich ist mehr als eine Flut, sie gleicht einem Zyklon, wenn Agees prophetischer Stil das Erzählte wie eine Windhose in einem Bildwirbel emporsteigen lässt, um den Bezirk und seine Bewohner insgesamt in den Blick zu nehmen, durch die Wohnzimmerfenster dringt und über die Kinositze und eine ruhige sonntägliche Straße fegt, wo er ein paar weitere Leben in rissigen, verdichteten Sätzen mitreißt. Den Text im Zoo enden zu lassen, ist Agees vollkommenste Andeutung: dass all das irre Bauen und Verzieren, diese Wandkritzeleien (oder Wortkritzeleien) und die Teetrinkerei aus Porzellantassen letztlich nicht mehr sind als ein Bild der

Natur – und dass all die Werke und Wucherungen unserer Kultur, die chaotischen und die stillen, nur Zeugnis unseres jeweiligen animalischen Tuns sind und dass Brooklyn nur eine besonders dichte und verträumte Variante des Zoos ist, den das ganze menschliche Leben darstellt, ein Gehege, in dem eine beliebige Zahl nur bedingt fantasiebegabter oder visionärer Menschen gemeinsam ein großartiges visionäres Massenergebnis erreicht, eine Art riesiger Installation instinkthaft trostsuchender Tiere, die nichts anderes tun, als eines neben dem anderen ihr schönes, normales, irres Leben zu leben.

Brooklyn, New York
Juni 2005

Brooklyn ist
Südöstlich der Insel: Reisenotizen

»Heimstatt und Kirchenstadt.«
Whitman über Brooklyn

»Eine der großen Wüsteneien der Welt.«
Doughty über Arabien

»Und trägt alle Plagen in den Hochzeitssarg.«
Blake über London

»Alles Leben besteht im Wesentlichen
aus pflanzlichen Stoffen.«
Veraltetes Biologie-Lehrbuch

Sieht man sie in den Trambahnen oder auf den sich unendlich wiederholenden Straßen, in denen sie ihren Tagwerken nachgehen und ihre Schlafstätten haben, dann bemerkt man gegenüber den Mienen auf Manhattan Island einen eigenartig weichen Zug in den Augen und Mundwinkeln selbst der Allerärmsten: eine seltsame Sanftheit oder Gelöstheit, so als wären sie betäubt oder stünden unter Drogen. Denselben Blick findet man in Klöstern und auf den Grünflächen von Sanatorien, und es muss ihn gegeben haben unter Soldaten, die sich in britischen Anstaltsgärten von ihrer Kriegsneurose erholten, wenn so ein junger Mann im spätsommerlichen Abenddämmern das Blitzen und Donnergrollen eines entfernten Hitzegewitters für das halten konnte, was er in Frankreich hinter sich gelassen hatte und wohin er wieder zurück musste. Ohne Manhattan gäbe es diesen Brooklyn-Blick nicht; denn um wirklich zu verstehen, wovor man flieht, darf es nicht nur fern, sondern muss auch nah sein. Doch: alle Fluchten sind relativ und bringen ihre ganz eigenen Fesseln mit sich.

Das gilt auch für die Gestalt, den Klang und das Maß der Stadt selbst. Das zu erfahren, muss man nur eine Brücke überqueren: wie hinter einem alles Leben davon in Anspruch genommen wird, nach oben, ins Vertikale zu streben, was sich in die Gesichter beinahe jedes Menschen, auch der Kinder, und jede Fassade meißelt; und wie sich dieses Leben dort, wohin man unterwegs ist, entspannt, selbst in den stampfenden Fabriken am Flussufer und in den Mietskasernen an den Gleisen, wie alles sich in die Horizontale begibt, alles Tun und alle Gebäude fest verwurzelt im Verharren. Zum Teil kommen darin die Eigenheiten jeder amerikanischen Kleinstadt zum Ausdruck, die Häuslichkeit, die Zwanglosigkeit des maßvoll Gleichförmigen: nur ist dieser verbreitete Provinzialismus hier unermesslich verstärkt durch die Nähe Manhattans, das von Brooklyn fast alle lebenswichtigen Organe einer Stadt abgezogen hat und von dem eine unüberschaubare Schar der Bewohner Brooklyns für den eigenen Lebensunterhalt abhängig ist. Und noch einmal: dieses Kleinstädtische ist vermischt mit dem tiefen unterirdischen elementaren Dröhnen des blinden zeitlichen Ineinanderwirkens von so vielen hunderten und aberhunderten und tausenden verdichteten menschlichen Existenzen mehr, als die menschliche Phantasie sich vorzustellen vermag oder erträgt.

Darin unterscheidet es sich von den meisten Städten: dass es zwar ein »Zentrum« haben mag und Hände und Augen und Füße, aber im großen Ganzen kein vollständiger oder erkennbarer Organismus ist, sondern eine ausufernde pulsierende gallertartige Masse gleichförmigen Zellgewebes; ein Ort, an dem Menschen nur »leben«. Wenige amerikanische Städte, darunter vor allem Manhattan, erzeugen eine solch abnorme Anziehungskraft, die alle anderen ins »Provinzielle« zurückreißt; und von allen großen Städten liegt Brooklyn einem derartigen Kraftzentrum am nächsten und ist wirklich »provinziell«: es ist provinziell wie ein Land mit fettem Boden, und auf diesem Boden steht eine riesige Farm, die viel weniger »industrielle« oder »finanzielle« oder »bemerkenswerte« oder sonst wie »besondere« oder »bestimmte« Erzeugnisse hervorbringt als welche aus menschlichem Fleisch und Blut. Und allein der Umstand, der Brooklyn so eigenschaftslos macht und wenig beachtet, der es für viele so läppisch werden lässt oder zur Herablassung einlädt, dieser Umstand, dass zwei Millionen Menschen dort wohnen und leben, verleiht der Stadt eine ungeheuer große, klägliche und unantastbare Würde, die sie weit über jedes Gelächter, jede Rechtfertigung, jedes Geltungsbedürfnis erhebt.

Manhattan ist groß, doch die Entfernungen scheinen dort klein und überwindbar. Brooklyn ist größer, einundsiebzig Quadratmeilen gegenüber zweiundzwanzig, aber hier begegnet man dem Paradox des Relativen. Hier weiß man: egal wo ich bin, nur ein paar Meilen weiter ist Brooklyn zu Ende; ist Manhattan nur ein paar Meilen entfernt; im Westen und Süden ist Brooklyn von weltumspannenden Wassern begrenzt, im Norden und Süden stößt es an den neuen Hartfaserwall von Queens; Brooklyn endet: aber tatsächlich, also nach Überzeugung des Körpers, scheint Brooklyn kaum ein fassbares Ende zu nehmen; auf einem Stück Land, das so flach und weit ist wie Kansas und über dem sich ein Horizont nach dem anderen eröffnet, scheint es sich Haus um Haus und Straße um Straße ins Unermessliche zu erstrecken; wie China scheint es unendlich viel Zeit, Geduld, Menschen und Platz zu haben.

Als Gemeinschaftswesen aus fünfzehn bis zwanzig pilzartig, planlos gewucherten Dörfern, die inzwischen an allen Ecken und Enden aneinanderstoßen und sich überlappen, und ohne ein Zentrum, das in irgendeinem Verhältnis zu seiner Fläche stünde, ist Brooklyn die vielleicht amorphste aller modernen Städte; zugleich hat es dank seiner Verkehrsadern eine solch raumgreifende Durchgängigkeit, wie sie sonst nur Paris oder die südlichen Vororte Chicagos aufweisen können: an der Flatbush, DeKalb, Atlantic, New Lots, Church und unzähligen anderen Avenues Fluchten niedriger Häuser und Seitenstraßen mit strotzendem Leben, das jegliche Schätzung scheitern lässt; kein Ende, so weit das Auge reicht, und auch beim Blick zurück, so sehr sich das Auge anstrengen mag, kein Ende, kein erdenkliches Ufer; nur eine die Himmelszier, den Monolith Empire State, bedrängende andere Lebensweise; und selbst dieser hat, von hier aus gesehen, die diesige Zerbrechlichkeit eines halberinnerten Traums.

(Wer darauf achtet, bemerkt in den ruhigen Abendstunden außerhalb der Rushhour, wie die Menschen in U-Bahn-Stationen in ganz Brooklyn, wenn sie die Wahl haben zwischen verschiedenen Treppenaufgängen, von denen einer nach Manhattan gerichtet ist, der andere von dort weg, ausnahmslos und automatisch den Inselaufgang wählen. Ein phantasiebegabter Planer hätte das vorhergesehen und gar keine anderen gebaut.)

(In Upper Flatbush, landeinwärts schon zwei Meilen von den Brücken entfernt, fragte eine junge Frau aus Manhattan einen Apotheker nach dem Weg in ein noch weiter südlich gelegenes Viertel. Ohne einen Anflug von Ironie entgegnete er: »Ach, Sie wollen nach Brooklyn.«)

Die größte Stadt aller Zeiten hat ihre höchste Bevölkerungsdichte nahe der Kreuzung ____ und ____ Street in Brooklyn. Dass dies im Stadtbezirk des »Seins« statt des Tuns und Großtuns liegt, ist fast zu bezeichnend, um Zufall zu sein. Genau wie Folgendes: Als diese Nachricht bekannt wurde und die Neugierigen aus Manhattan vorbeischauten, um das Lokalkolorit einzufangen, da waren die Reaktionen so klug, dass man sich nur darüber lustig machen konnte. So meinte einer, als ihm die frohe Botschaft verkündet wurde, »Und?«, ein anderer »Na und?«; und eine Zimmerwirtin sagte, ohne eine Miene zu verziehen, das müsse sie heute Abend ihren Mietern erzählen.

In Brooklyn gibt es mehr Eigenheime als in jedem anderen New Yorker Stadtbezirk; in keinem kommen auf jeden Erwachsenen mehr Kinder; es ist ein gutes Pflaster für Sparkassen; es gibt weniger Scheidungen; alles in allem ist die Bevölkerung so häuslich, brav und solide, wie sie außerhalb Englands kaum vorstellbar ist. Die panische Angst vor »gescheiterten« Ehen – gescheitert in dem Sinne, dass man ihr Ende offen oder offiziell kundtut; vom tödlichen Durchhaltevermögen hält man hier viel –, diese Angst ist so groß, dass es sogar eine eigene Bank gibt, die an einem Tag von Ehemännern besucht wird, um Einzahlungen zu tätigen, und am nächsten Tag von den getrennt lebenden Frauen, die sich mit diesem eleganten Äquivalent einer Unterhaltszahlung bestücken. Es sagt viel, dass Brooklyn wahrscheinlich als einzige Stadt eine solche Bank hat.

Am nördlichen Ende des Prospect Park, in dem man sich die meisten dieser Ehen zuzieht und in dem sich auch der Verlauf von Kindheit und Jugend sowie der Abstieg in die

Zwistigkeiten des Familienlebens beobachten lässt, steht das Werk eines Bildhauers. Von einem Weg aus, der von der Flatbush Avenue herunterführt, erinnert es an die gespaltene Flammenzunge, die zu Dante im Inferno sprach, aber wenn man näher kommt, stellt es einen Mann und eine nackte Frau in Bronze mit ihrem pummeligen Kind dar, das dem Park zustrebt, und ist ein Abbild der Schönheit und Beständigkeit Brooklyns und des menschlichen, des Familienlebens. Mann und Frau stehen Rücken an Rücken in der klassischen Position des häuslichen Schlafs. Es ist ein vollkommen gewöhnliches und ehrliches Kunstwerk, und wenn man sich von der bisweilen etwas kurzsichtigen Verachtung des Ästheten freimacht, ist das Werk zweifellos der passende Ausdruck für Brooklyns Herz und Seele. Ein Michelangelo würde weniger gut hierher passen.

Sämtliche Viertel, aus denen die Stadt sich zusammenfügt; die bekannten ebenso wie jene, die auf keiner Karte eingetragen sind:

The Hill zum Beispiel: die einst vornehm zurückhaltende Bebauung der Clinton Avenue, die vom leisen Kichern der Arztpraxenschilder durchbrochen wird; die zwei großen Häuser, die sich zum L.I. Grotto Pouch und zum Pouch Annex gewandelt haben; oder die verlassenen Sandsteinhäuser gegenüber dem rissigen Backstein der Adelphi Academy; oder jene Blocks, die »Schutzvereinigungen« gegen die Infiltration durch Neger gebildet haben:

Oder Park Slope: die großen manhattanartigen Apartmenthäuser, die jetzt den Park säumen, und in den Straßen hügelan und an der 8th Avenue die mächtigen, kalten Regimenter grauer Steinerker und die großen Einfamilienhäuser, die mit abweisendem Gesicht wie in der merkwürdigen Stille des bürgerlichen Paris inmitten alter Bäume stehen: und dazwischen Apartmentblocks und konfessionelle Schulen und der gelbe Backstein ehemaliger Mietskasernen und die U-Bahn-Laute »missratener« Kinder:

Oder die Heights: die riesigen Häuser und vornehmen Straßenzüge, auf einem stetig schrumpfenden Gebiet noch unangetastet, Brooklyns Top-Wohngegend, in Richtung der Straßenkrümmung des Squibb-Gebäudes im Niedergang; große, für Untermieter aufgeteilte Häuser: der Abstieg zu Künstlern und Journalisten, Kommunisten, Bohemiens und Friseuren, vor allem aus Manhattan:

Oder die letzten zwei Meilen im Winkel zwischen Fulton Street und Broadway, inmitten der Sandsteinhäuser, ein immer rascheres Abbröckeln der ehemaligen Mittelschicht und eine beständige Zunahme der Juden bis nach Brownsville und East New York hinein:

Oder dieser weite Ziegel- und Sandsteinhöhenzug nördlich der Fulton, der alle zwei Blocks ein bisschen tiefer im

Unglück versinkt: an einer Stelle östlich des Fort Greene Park ein letzter Höhepunkt des stattlichen Sandsteinstils: und schließlich über den Verfall hinaus der Navy Yard District, das härteste Viertel von Brooklyn, härter noch als Red Hook: (dieses härteste Viertel von Brooklyn war ein verwinkeltes Labyrinth aus Backstein- und Holzbauten nur einen Katzensprung vom Rathaus entfernt, aber dort hat die WPA aufgeräumt):

Oder Eastern Parkway, Brooklyns Central Park West; zu Beginn am Prospect Park residieren die reichsten Juden der Stadt; von da geht es langsam, dann immer schneller bergab und endet wieder in Brownsville:

Oder Bay Ridge und die schmucken Apartmentblocks gutbürgerlicher Gojim und die biederen Häuschen skandinavischer Seefahrer:

Oder Greenpoint, Williamsburg, Bushwick, Mietshäuser aus Holz, freie Grundstücke und verbaute Ausblicke, hier halten sich Armut und Arbeit auch optisch die Waage; der Sitz einer Stadtregierung, korrupt wie alle anderen im Land: überall die Hinterzimmer von Democratic Clubs, gewaltige katholische Kirchen; in dunklen Bars und an Straßenecken, in den Blicken der Menschen, überall sticht das wissende, taxierende verstohlene Licht harter Klientelpolitik ins Auge; überall der merkwürdige Gaslampengeruch der irisch-amerikanischen Demokratie:

Oder Flatbush: oder Brighton: oder Sheepshead Bay: oder das unbedeutende Downtown: oder der Blick von der Fulton Street Elevated auf das sanfte Meereswogen des Lebens, so viel Grün wie Dächer; oder auf das Brooklyner Hinterhofleben aus dem neunzehnten Jahrhundert, Tausende Einsiedeleien, Bruchstücke, die alle für sich in einem eigenen grünen Strudel treiben: oder die vergleichbar versteinerten Toten in Habachtstellung, einer neben dem anderen, die strengen Hieroglyphen der Juden, die Heerscharen von goldgleißenden Christusfiguren, die vielen Kirchen, die ihre Turmspitzen auf den offenen, unerforschlichen sternenzersprengten Himmel richten und deren stolze Zwiebeln und dreifache Kreuze und zackige Sterne und weit ausgestreckte Kruzifixe inmitten des Häuserhafens gehisst sind, auf Schiffen mit wenig Tiefgang, die der Wind auf die Sonne zutreibt: oder die Mutter auf der Division Avenue im Banne ihres Kindes, das sie aus dem Wagen heraus mit einer Wasserspeierfratze argwöhnisch betrachtet: oder die Straßenkritzelei auf der Park Slope: »Lois ich bin die Straße hoch. Bring deine Rollschuh mit.«: oder das leise Meeresheulen vor Coney Island: oder die Fassade der Academy of Music, ein fader Abklatsch der Symphony Hall in Boston: oder das junge Paar in Canarsie, das sich rittlings auf einem Fahrrad sitzend in die Augen sieht: oder das Lilaglühen der Sandsteinhäuser unter wolkenverhangenem Himmel, oder das chemische Leuchten der gelben Narzissen auf gestampfter Erde: oder der Glorienschein der Sonntagshüte kleiner Mädchen, so exquisit wie die der Alten pathologisch: oder die spöttischen Simse geschändeter Häuser: oder die Rouleauschnur, an deren Ende ein gehäkelter jüdischer Stern hängt: oder die kleinen Arbeitermädchen aus Manhattaner Nähfabriken, die in ihrem kurzen Fummel in Tonys Square Bar kommen, um mit den Matrosen ein paar erträgliche Stunden zu verbringen: oder der Strom der Oberschicht-Christenkinder von der Vorschule in die Williams und nach Princeton; der aus der Mittelschicht nach Colgate oder Cornell: oder der Judenkinder, deren Eltern wegen der Boys High und dann des Brooklyn College und dann der Brooklyn Law oder – für die Glücklichen unter ihnen – Harvards wegen das Herz bricht: oder der Finanzmarktredakteur des Eagle, der alle Journalisten für feine Herren hält, Auserwählte, wie er sagt, und die alle Streikbrecher beim Eagle-Streik waren: oder frühnachmittags in gleich welchem Teil von Brooklyn die sternförmige Amplitude von Kinderwagen und still oder plaudernd dahinspazierenden und verweilenden Frauen, die ganze Wohnstadt ohne Männer wie zu schlimmsten Kriegszeiten: oder der ergraute Jude mit Kippa, der sich an einem heißen Spätsamstagnachmittag in seinem Fenster über dem DeKalb-Avenue-Knattern sacht über den Texten seiner Heiligkeit wiegt und dabei die Lippen im unberührten Bart bewegt, seit den frühen Morgenstunden in seiner Inbrunst versunken: oder die

Traurigkeit und Zierlichkeit der Zoobewohner: oder das helle Gespinst gewoben aus dem Zwitschern der Vögel und Kinder: oder Bett an Bett und Station an Station entlang des Weihgeruchs der Korridore im zwölf Straßen umspannenden Kings County Hospital, jene, die vor unfasslicher Lebenskraft schier bersten, in ohnmächtiger Ungewissheit dahintreiben oder auf den Tod warten: Sie, die Kranken, die Fragilen oder Fruchtbaren, die Gesunden, die Jungen, die Lebenden und die Toten, die Häuser, die Straßen, die Fenster, die Stoffwände der Krankenkubikel, die mörderischen Schulzimmer, die verrußten und heulenden Fabriken, die erbarmungslosen Vögel, die Tiere, diese gottgleich aufragende Brücke, die Tag und Nacht für sich singt: im göttlich geistlosen Licht. Das sind die Einwohner Brooklyns:

Oder Greenpoint: oder Williamsburg: wo nach vielen Meilen durch den Dschungel aus brachliegendem Land, kleinen Fabriken, Schornsteinen, Mietskasernen, Häusern unterschiedlicher Höhe und Abstände das Auge wieder Halt findet an der aufgeblasenen Kuppel und der dreigekreuzten griechischen Kirche und jenen monumentalen Gasspeichern, die alles Gebäudemögliche an Größe zu übertreffen scheinen: das harte Pflaster der Einkaufsstraßen, deren aufdringliches Warenangebot die Möglichkeiten der Arbeiter nie übersteigt: die modern angehauchten, plüschig schwülen Brautmodengeschäfte, die dunklen kleinen Drugstores, die riechen, als hätte jemand Medizin in eine Münzfernsprechermuschel gekippt: die rüschigen Gazewolken, in denen kleine Schulabgängerinnen und Himmelsbräute stecken: Hier und noch in Bushwick und selbst in East New York und Brownsville gibt es viele großfenstrige drei-, vierstöckige Holzhäuser aus der Blüte des neunzehnten Jahrhunderts, ein eigener Brooklyner Stil, die Fassaden schöner als alles in der amerikanischen Architektur: nur wenige wurden in den letzten zehn oder mehr Jahren gestrichen, kaum eins ist besser als ein Wohnheim, die meisten sind Mietskasernen, alle tödliche Feuerfallen: auf der Schauseite sind sie von jenem halbgöttlichen Edelmut, der jede Erniedrigung schluckt und dadurch weiter steigt: noch viel mehr Mietskasernen sind aus dem blassen oder gelben Backstein, der in ganz Brooklyn so oft genutzt wurde als Zeichen der Armut: dazwischen die kleinen Häuser aus verwittertem Holz, Putz, Dach: der Fassadenschmuck ist oft italienisch und gewöhnlich farblos und lässt dennoch die satte italianisierende Tünche erkennen; manche sind ziegelrot getüncht, die Fugen weiß nachgezogen: oder die goldschimmernden Eichentüren dieser adretteren Häuser, oder die schönen facettenreichen Fronten aus asphaltischen Schindeln, zusammengesetzt zu einer Ahnung von Farbe und Muster, andere wieder ahmen Schiefer und Backstein nach, nur hübscher als diese: die erzwungene Erkenntnis, ob man will oder nicht, dass sich in der Kunst der Straße und der häuslichen Verschönerung Begabung und Ausdrucksstärke proportional zu Armut und niederer Geburt verhalten: die Sorgfalt in der Auswahl von Vorhängen und Fensterschmuck: weiße Rouleaus und Rouleauschnüre mit Quasten oder braun gebeizte Jalousien oder Vorhänge aus gestärkter brüchiger Spitze oder rotem oder goldenem oder violettem Satin, kleine Statuen der Komödie des Glaubens, Blumen, Blätter und Lampen: die Namen und Gesichter von Iren, Italienern, Juden und Slawen; und auf der Straße die stolzen Schreie der Kinder, die verkniffenen Augen der Väter, die schwindende Schönheit junger Frauen, die tiefe Verehrung der Alten und irgendwo in den fünftausend düster glimmenden Erdgeschossfenstern krumme alte Frauen, die in reinen Wohngebieten hinter heruntergelassenen, atmenden Rouleaus im Hinterhalt liegen und auf die geschäftslosen Straßen starren, der Blick müder Löwinnen in einem unendlichen Zoo in nachmittäglicher Hitze: und beim Aufflammen der Neonlichter die Rückkehr der Schreibkräfte und der Schüler in ordentlichen Anzügen, steifen Krawatten, die toxischen Bücher unterm Arm, und die klägliche Schar bis zur Friedfertigkeit erschöpfter Männer, die in der tröstlichen Gesellschaft ihrer Stimmen und der Musikbox Bier trinken: und an den Abenden, beinahe schon in den herzlichen hebräischen Redeseligkeiten von Brownsville, ein Gewimmel, eine Liebe, Geduld, Bitterkeit und Lebenskraft, die Worte nicht erfassen werden:

Oder die nachmittägliche Fahrt mit einem Journalisten aus Brooklyn, einem jungen Mann aus etwas zu gutem Hause und mit etwas zu frischem Harvard-Abschluss: die an den durchgerüttelten Hütten unter der Brooklyn Bridge begann, sich durchs Hafengebiet schlängelte und allmählich ein bewegtes Bild der gesamten Bevölkerung Brooklyns entwarf: am Ufer entlang durch Bay Ridge, Coney Island, Sheepshead Bay, und die in der Dunkelheit den beschränkten Blick ihrer Nadel steil nach Norden führte, auf ganzer Länge durch die Stadt und mitten durch Flatbush: die Brennholzsammler auf einem unbebauten Grundstück an der Front Street: die riesigen, zu Segelschiffzeiten erbauten Lagerhäuser mit meterdicken Mauern: ein für Guaraquito bestimmter Mähdrescher, ein Chevrolet auf dem Weg nach Peru, verladebereite Alteisenhaufen, um wen, wo, dieses Mal zu töten: die unbewegt über die Erde hinaufstrebende *Hulda Maersk*, *Isbrandtsen Moller*, ihr heller Aluminiumschimmer, der wunderbare Schwung ihres Bugs: gestrandete Kiefernholzkisten, alle von der maximal zulässigen Größe für das Wegschaffen der unschätzbaren Gegenstände des Gräuels, der Trauer und der Erinnerung, die wie Leichen mit Zeltplanen verhüllt und dem universellen Zeichen für »oben«, einem Weinglas versehen sind: denkwürdig auch, dass die Hälfte der Häuser hier verlassen ist und mit eingeschlagenen Fensterscheiben lückig wie der Krieg zwischen unbebauten Grundstücken steht, Phantomgeschosse mit

Außenwänden: und die dunklen harten Bars an den Straßenecken und die Männer, die das geistlose Fortkommen dieser vorbeigleitenden Limousine mit kaltgiftigem, tiefbefriedigendem Hass verfolgen: und entlang des geschützten Atlantic Basin die mit Zeitungspapier aus Nova Scotia, Norwegen, Lettland, Finnland gefüllten Lagerhallen: und an den Piers weiter unten die Schiffe aus Südamerika, Afrika und Japan: in der Mitte eines verlassenen Grundstücks ein Neger, der auf einem Schmalzkübel hockte und aus einer Zeitung aß: der Mahagoniduft von geröstetem Kaffee: der Bug der *Tai Yin*, *Ionsberg*, der sich finster wie ein Mordplan über einen Schrotthaufen erhob: die begräbnisreif gerosteten Buge auch der *Dundrum Castle* und der *Ohio*: wie wenig Spuren Grover Whalen doch an den Zolluniformen in einem Frachthafen hinterlassen hat: wie entspannt hier im Vergleich zu den Piers in Manhattan gearbeitet wird, fast wie mit der sonnensatten Lässigkeit von New Orleans: gemächlich gleitet ein riesiger überholter Dieselmotor auf einem Sattelschlepper aus Williamsburg vorbei und erinnert, hier, mitten auf der Straße, an ein freigelegtes Herz: der schwärzliche Atem einer Rübensirupfabrik: ein flüchtiger Blick auf einen Siedlungsbau in Red Hook, der anders als alle Sozialwohnsiedlungen in Amerika vielleicht, vielleicht auch nicht jenen zugutekommt, für die er geplant war: neun kräftige, sich in die Kurve einer neuen Aschenbahn legende Jungs beim Dauerlauf, gleich einer Mischung aus antikem Griechenland und heutigem Leningrad: der Aufmarsch von Großbauten am Bush Terminal, so mächtig wie die Lastkähne davor: die Rümpfe ruhen dort, wo früher schwere Olivenladungen lagerten: die Bemühungen des Journalisten um Zugang zum Yachtanleger (»manchmal macht hier auch die *Corsair* fest«), aber »den schotten sie ziemlich gut ab«: auf der langen, aus dem Ballast heimkehrender Klipper aufgeschütteten Mole stapelt sich Holz von der Pazifikküste: der billige blankgeschwitzte Backstein des Red Hook Play Center: oder die Brache, auf der früher ein Hooverville für die völlig Verwahrlosten stand, der in Zeiten eines geregelteren Dispens nun mit dem üblichen Anschlag attestiert wird, die WPA habe das Gelände gesäubert: oder die Bemerkung des gutsituierten jungen Mannes über ein paar unerhört ärmliche Verschläge, dass sie nicht zu den üblichen Hütten gehören; natürlich dürften die Leute da sein, aber (er lacht) völlig undenkbar, dass Sie oder ich so leben könnten; und die Zugbrücke über den Gowanus Canal, deren Beschläge und Winkelformen sich so grazil bewegen wie eine halbverhungerte Katze: oder wie er feststellte, dass es in Brooklyn stapelweise Prosa gibt, aber herzlich wenig Lyrik, oder auch über das eben durchquerte Gebiet sagte: »Das hier ist gute ehrliche Arbeit; keine tolle Gegend; hierher kommt man nicht oft, ist aber ganz wichtig für die Stadt«:

Oder, ein Stück weiter auf der Uferstraße, im Vorbeifahren an einer ziemlich Disney-haften Häuserzeile für mittlere Einkommen sein gönnerhaftes Lob für den »Tudor-Stil«; »Hier gibt's wenigstens den *Willen* zum Anstand«; und ein halbfertiger Park mit der seltsam unausgereiften Nacktheit aller jüngeren staatlichen Verschönerungsmaßnahmen; und draußen in der Bay die abweisende Inselfestung Fort Lafayette mit den Minenlegegerätschaften und Hoffman's Island, die Quarantänestation für Affen und Papageien: die antiquierten Kanonen von Fort Hamilton: ein Block verrammelter Mittelschichthäuser aus den Zwanzigern: die verlebten Villen mit viktorianischen Ziergärten, die heute entweder vernagelt oder mit Benzinkanistern und Limonadenflaschen übersät sind: das San-Carlo-Bocciodromo, gestampfte Erde olivgrün im Schatten von Bäumen, wo Italiener mittleren Alters sanftfüßig Boccia spielen: ein ausgeweideter Country Club: das luftige, mildbrisige Durchatmen auf der Uferstraße:

Und auf Coney Island die Fahrt durch eine Seitenstraße, vorbei an verdreckten Holzhäusern, die an die ärmeren Ecken drüben am Jersey-Ufer erinnern und als der schlimmste »Slum« von Greater New York gelten; und sein mit ungezügeltem Abscheu und Verachtung hinausgespienes Geifern über Sea Gate, eine *umzäunte* Siedlung; die *Aristokratie, Mrs. Linkowitz, Mrs. Finkelstein*; und Sea Gate selbst, ganz im Westen von Coney, einige viktorianische Villen aus Holz, der Rest zu klein geratene Prunkbauten in entlarvendem Backsteinpomp, vermutlich die schauderhaftesten und bemitleidenswertesten Auswüchse eines steingewordenen Snobismus, die ich je gesehen habe; und an einem trostlosen Flecken am Inselende, im frühlingshellen Sechs-Uhr-Sonnenschein und bei schweigendem Motor, der ganze Hafen in Dämmerungsfarben getaucht und weit oben im Norden der sich langsam dahinschleppende Bleistiftschatten eines auslaufenden Linienschiffs, erklingt in großer Entfernung und wie aus den Tiefen des Ozeans ein Pfeifen und schwaches Läuten herauf:

Und wie er im Lundy's in Sheepshead Bay seinen Plan darlegte, erst gesellschaftlich Fuß zu fassen und dann dem nazistischen *Bund* beizutreten:

Und in der Dunkelheit, die nachtbrummende Fahrt an der gesamten Fassade einer kaum wahrnehmbaren Stadt vorbei; der Aufstieg einer Taucherglocke:

Und das zögernde, zuckelnde Kreisen um das Brooklyn College herum: neben dem Gehweg am Eingang zum Sportplatz die langsam dahinziehende Menge und die emporgereckten Banner mit den Schlagworten EINHEIT? KRIEG; und die neu wirkenden Gebäude dieser Universität aus großen Zeiten, schlechter georgianischer Geschmack, geschmückt mit dem Glanz des Geistes, der Anblick eines Harvard-Studentenheims mit Elefantiasis; und um etwas zu verstehen, wieder um das Spielfeld herum; in der Feldmitte stand eine dunkle Gruppe, aus der ein Sprecher mit einer Fahne etwas hervorstach, auf der anderen Seite eine weitere solche Gruppe (konnten sie Gegner sein?), und die Banner; und wieder am Spielfeldrand entlang, so nahe wir konnten, der schwere Motor träge schnurrend, der Fahrer vor Judenhass brabbelnd; fünf Studenten kamen des Wegs, sahen über die Schulter und überquerten vor uns die Straße, und einer fauchte »diese Dreckskommunisten«; ein leichter Dunstschleier hing in der Luft, durch den alles Licht etwas dürftig schien und der Himmel gewaltig, und auf dem fahlen Feld standen sie dunkel, ernsthaft lauschend, die Banner schaukelnd; und mit, wie ich glaube, Hilfe eines schwächlichen Mikrophons schepperte die leidenschaftliche linkische Ansprache des Studenten über sie hinweg. Bei uns waren zunächst nur die tiefe Aufrichtigkeit und die Angst und die Beschränktheit seines speziellen Denkens und Intonierens hörbar, aber mit der Zeit drangen mit seiner tapferen unsicheren hypnotisierten Tenorstimme auch die ergrauten verzweifelten weisen Worte durch, »Krieg« … »Demokratie« … »unerschütterlicher Widerstand«; und die Banner schwankten wie Masten im Hafen: es war der Abend, ehe Hitler Roosevelt beschied, dass der Friede keine zehn Jahre Bestand haben würde, und ich meinte, dies müsse der Grund für eine solche Kundgebung sein. Der Journalist pflichtete bei und fügte hinzu: »Sollen sie doch, sollen sie doch von Frieden und Demokratie schwafeln, so viel sie wollen. Hitler wird sich davon sicher nicht beeindrucken lassen.«

(Überall in der Stadt haben die Kinder und andere wahrhaft Primitive unter uns Menschen auf Straßen und Wegen und Wänden uralte, elementare und flüchtige Kunstformen hervorgebracht, haben mit Kreide und Wachsstiften die Namen und Abbilder ihres Stolzes, ihrer Liebe, ihrer Gier, ihres Spotts, ihrer Wünsche verkündet; insbesondere die Neger, Juden, Italiener, Polen, und unter ihnen die Allerärmsten am allerreichsten, und darin scheinen die Wesenszüge von Viertel und Rasse auf: auf einem Eisentor in Williamsburg: *Dominick will Fanny ficken*. Auf einem anderen: *Alle gegen Don* und *Don ist doof* und *Großkotz Don*. Auf einer narbigen grünen Hintertür in Bushwick: *Die Dame dieses Hauses hat nicht alle Tassen im Schrank*. In einer makellosen jüdischen Mittelschichtsiedlung in East New York auf dem in frischem Blutrot getünchten Billigziegel nur das Wort *Streik*. In einer Straße in Bensonhurst inmitten gutbürgerlichen Judentums: *Bernice Davidson wird Mrs. Allan Cunn. Oder auch Mrs. Henry Eisenman*. Bei erst kürzlich aus dem Ghetto zugezogenen Juden in Brighton zischt eine Mutter, kaum dass ihr Kind eine abstrakte Zeichnung begonnen hat: »Lassdas!«, und gleich darauf wiederholt ein Zehnjähriger zu einem anderen, jüngeren Kind in genau demselben Tonfall: »Lassdas!« An einem Sonntagnachmittag in Park Slope, nicht in Druckschrift, sondern in ungelenker Schreibschrift: *Lois ich bin die Straße hoch. Bring deine Rollschuhe mit*. In Williamsburg: *Ruby liebt Max aber Max HASST Ruby*.

Und überall Kritzeleien, Penisse, Fellatio, Schiffe, Häuser, Flugzeuge, Westernhelden, Frauen und aus den Erinnerungen an die unsagbaren Tiefseefahrten im Schoß heraufgeschleppte Monster, die alle Wege und Wände zieren und jeder kräftige Regenguss wieder auslöscht.)

Oder tief in Flatbush; *mitten* an einem warmen Nachmittag.

Ich verlasse die Trambahn-Avenue und gehe eine Wohnstraße hoch: ich bin noch keinen Block weit gelaufen, als ich eine derart starke und spezielle Stille bemerke, dass sie beinahe einen eigenen Geruch hat: es ist die Stille, wenn man von der Straße und der Welt in eine leere Kirche tritt, und es ist genau dieser Geruch: und in der Stille liegt eine fast brahmanische Ruhe, die sich über die Sinne legt, etwas Beklemmendes, ein beängstigendes Gefühl des Sakrosankten: und nachdem ich noch einen Moment zwischen diesen Reihen schmucker Häuser stehe, weiß ich, worin das Heilige hier besteht: dass diese Welt zahmen jungen Ehen in ihren ersten zehn Jahren geweiht ist und die Straßen während der Wochentage so vollständig den Hausfrauen, den kleinen und ganz kleinen Kindern überlassen sind, dass alle auf den

Bürgersteigen Gehenden und in der Sonne Sitzenden trotz ihrer Fruchtbarkeit Nonnen sind, Vestalinnen, und Herrscherinnen über eine Welt, in der heimkehrende Männer im Duft gehegter Böden und sauberer Stoffe, landesweit beworbener Kosmetik und dem scharfen Säuglingsgeruch verweiblichen. Zwei Heranwachsende, ja tatsächlich, werfen sich auf der Straße einen Ball zu; aber sie tun es so, als wäre das ein puritanischer Sonntag oder ein Seuchengebiet, in dem die Gesunden sich einmal entspannen müssten, aber nur ganz sacht; der Rest ist so, wie ich sagte: ich sehe fünf verschlossene, verwaiste Autos vor den Türen ankern: jedes ist frisch geputzt, das Reifenprofil scharf, sie alle sind schwarz, nicht eins ist ein Chevrolet, Ford oder Plymouth: und auf den Türschwellen Puppen und die grellen aerodynamischen Spielzeuge von Kindern dieses Jahrzehnts; und wohl vor jedem Haus, glänzend wie Leichenwagen im hellen Licht, identische Kinderwagen, tief, schwarz, lackglänzend, überquellend von weißem Stoff: und Frauen: zwei, die Seite an Seite an den noch schattenlosen, gertenschlanken Jungbäumen entlanggehen, ihre Fracht vor sich herschiebend; zwei weitere, die in einer offenen Tür sitzen und mit abgeblendeten Stimmen sprechen; eine andere sitzt allein, schaukelt den gefederten Wagen und starrt hohläugig auf die Straße; eine andere schiebt einen Wintergartenvorhang beiseite und sieht mich zu ihr blickend mit dem leichten, fruchtlosen Schrecken derjenigen an, deren Ritter auf

Kreuzzug im Osten ist: ein Wäschelaster schleicht mit seiner weichen Ladung vorbei und hält vor einer fernen Tür; von weit oben auf der Straße höre ich die Stimme eines Kindes; in einem beschatteten Kinderwagen schläft vor der Treppe ein Säugling mit majestätisch dicken Backen; eine halbe Meile die Flatbush Avenue hoch das metallene Kreischen einer Trambahn nordwärts:

Manche Häuser sind zehn, fünfzehn Jahre alt, manche viel neueren Datums; aber alle sind auf ihre Art Ebenbilder solcher Paare: Reihen kleiner Doppel- und Einfamilienhäuser aus Backstein und Schindel oder aus Backstein und Putz oder nur aus Backstein: von Letzteren stehen fünf recht neue in einer Reihe, verhalten verziert mit halbgemusterten Backsteinfassaden in den sechs bunten Farben von Kinderknetmasse; sie sind so zierlich, so winzig, dass man an Puppenhäuser oder die Bilder in einem Märchenbuch über hübsche Träume für frühreife Kinder denkt; oder als hätte eine gute Hexe sie aus Zucker gebaut zum Erstaunen und zur Freude von zweien, die verliebt und in der Wildnis verloren, plötzlich auf ein Häuschen stießen: »freigelegte« »Balken«, schmiedeeiserne Türklopfer, weiße Betonstufen, Eichentüren mit vergitterten Türklappen, hier ein wenig elisabethanisch, dort kolonial oder orientalisch: oder die anderen, die spitzgiebeligen Doppelhaushälften mit Schindelfassaden oder die mit einer Veranda aus Holz, Glas und Ziegel, das Erdgeschoss verputzt, darüber verschalt oder geschindelt: und jede davon hat einen Wintergarten und an der Tür zwei weiß getünchte Urnen oder Blumenkästen und jede ein winziges Stück Rasen und eine niedrige Hecke: und diese Rasen sprießen hell und sind dunkel mit Wacholder gesäumt und mit Liebe gehegt: und in den Gardinen- und Jalousiefenstern solcher Wintergärten stehen Porzellanfrösche und -pelikane und -scotchterrier und -schwäne und am Straßenrand Töpfe mit grün- oder gelbgestreift treibenden Funkien, an deren Wurzeln zierliche Schneckenhäuser liegen: und zwischen den Häusern, auch zwischen den Doppelhäusern, ein makelloser Betonstreifen, gerade breit genug, damit die Familienkutsche zwischen den fensterlosen Mauern hindurchkommt, und dahinter eine Garage; und in diesen Hinterhöfen leuchten in der Sonne auf erstklassigen Wäscheleinen die Bettlaken und die Pastellunterwäsche von Frauen, die ihre Liebe zu schönen Dingen aus farbigen Anzeigen erlernt haben, und diese Wäsche wurde in vorzüglicher Lauge, die selbst den feinsten Stoffen keinen Schaden zufügen kann und diese Frauen vor dem Neid um anderer Hände bewahrt, in elektrischen Maschinen gewaschen, welche jeder Hollywoodvorstellung von einem Labor in einem Aufsatz über die Tugendhaftigkeit von Medizinstudenten schmeicheln:

Oder etwas gewöhnlicher, kaum oder keins dieser Liebesnester der märchenhaftesten Sorte, sondern andere Arten oder Mischungen, schön säuberlich in Reih und Glied;

sowohl die uniformen wie die abweichenden sind reichlich vorhanden: sehr verbreitet die schlichten Doppelhaushälftenwürfel aus den Zwanzigern in dunkelrotem oder scheckigem Backstein; genauso die Doppelhäuser aus Holz, deren Zwillingsgiebel ein M über dem unterteilten Wintergarten bilden; andere sind ganz verputzt; meist gibt es kaum genug Platz zwischen den Mauern, damit auch nur ein Kind hindurch könnte, und die Bäume an den Bürgersteigen sind weit über das Jungbaumstadium hinaus; recht häufig steht an der Ecke auch ein vier- oder sechsstöckiger Apartmentblock mit einem kleinen betonierten Hof, in dem die Frauen auf Klapp- oder Windsor-Stühlen sitzen; und in ein, zwei Fenstern eine kirschrote Matratze, ein schmollmündiger Verrat an der Bescheidenheit; dann wieder blasen sich diese Gebäude ohne jeden Grund auf und nehmen beinahe mehrere Blocks ein, und dort wird es weniger oder keine Matratzen und Frauen in den Fenstern geben und eine höhere Miete und weniger hutlose Frauen in Übergangsmänteln über Hauskleidern; in manchen Straßen besteht eine unerklärliche Mischung von »Schichten« und Häuserklassen, Mitteleuropäer, plötzlich eine Negerfamilie in einem verschrammten Holzrahmenbau gegenüber den verkniffensten Angelsachsen; oder wieder kaum erklärlich ein ganzer Straßenzug solide Arbeiterklasse, eine Reihe Hochveranden, wo ein Gummibaum frische Luft schnappt und fleckige Kinderlaken ausgebreitet sind und eine Frau in der Sonne ihr langes wildes wachsbleiches Haar zärtlich kämmt und deren Gesicht, aus seinem Versteck hervorlugend, aus den vier aufgerissenen Löchern einer Wasserleiche besteht, und die Jungen spielen jetzt lauter Ball, und von zwei kleinen Jungen, die mit federndem Gang vorbeigehen, sagt der eine halb flüsternd: »... du weißt schon: die Hintertreppe. Du weißt schon: die Hintertreppe runter. Hintertreppe. Du weißt schon: ...« und am Ende der Straße eine kleine namenlose Fabrik, die summt wie ein Mückenschwarm: Es gibt auch Straßen mit geräumigen Häusern, Rasen zu beiden Seiten und große Bäume, mit Holzsäulen, großen Fensterscheiben, breiten Veranden, der sämigen sonntagsbratenhaften Wohlgeratenheit, die auf die Laubsägenperiode folgte: oder wieder Reihen von gelben Backsteinhäusern, mit flachen Fassaden oder gerundeten Erkern, Mietsbehausungen, wie man sie überall in Brooklyn und an der ganzen Ostküste sieht: – so viel Abwechslung, Mischung, Monotonie, Sprünge, dass man Flatbush unmöglich verallgemeinern kann: und bei all der Abwechslung und bei all dem Getriebe und den Gesichtern jener, die hier wohnen, dennoch der Drang zu einer geradezu annihilierenden, essentiellen Uniformität: so dass es den Anschein hat, als stießen die Mittelschichtvororte und Wohnstraßen sämtlicher Kleinstädte des Kontinents hier in einer gleichförmigen, fast faltenfrei gebügelten Fläche nahtlos aneinander. Die »Avenues«, Verkehrsadern, sind nicht viel anders: bis zum Horizont dreistöckige gelbe Backsteinbauten mit ebenerdigen Läden für Wirkware und Verdauungsmittel – denn auch Brooklyns »Downtown« ist platt ausgerollt bis an jede Tür: und durch diese niedrigen Häuser und die beinahe stellaren Ausblicke der Avenuen eine unglaubliche Ausdehnung des Himmels und des flachen Horizonts und eine trotz des paradoxerweise erstickenden Gestanks großzügige Weite fast wie auf einer Ranch, eine Ruhe nicht nur der Lähmung, sondern auch der Stratosphäre; und so erstaunt es nicht, dass ein Flatbush-Gatte meint, die Luft hier draußen sei viel sauberer; ein guter Ort, um die Kinder großzuziehen.

(Auf der Galerie eines der großen Reprisenkinos im Downtown-Abschnitt der Flatbush Avenue waren gegen zehn Uhr abends fast ausschließlich Jungen von der Highschool. Anders als in New York kannten sich alle und riefen sich über die Sitzreihen etwas zu, und wie sie meine Frau anquatschten (sie war allein), war auch anders als in New York: »Hey, Miss, wie viel Uhr ist es?« und »Hey, Miss, wie heißen Sie mit Vornamen?« Auch über den Film machten sie sich wortreicher lustig. Es war ein durchschnittliches Vollbluterdrama, Kentucky etcetera, mit den üblichen Verbrechen an dem Talent von Zasu Pitts: aber eine Szene spielte an einem Frühlingsabend, als die Heldin von einer Party weggerufen wurde und in ihrem Abendkleid in der Dunkelheit strahlend wartete, während eine sterbende Stute ein

Rennpferd fohlte. Im dunklen Stall mühten sich schwach ausgeleuchtete Männer schnaufend und fast schweigend über einer schwarzen Masse, und der geschwätzige Balkon versank in einer ungewöhnlich stillen, zärtlichen, unheilverkündenden Unsicherheit. Aus diesem sanften, empfänglichen, verrätselten Schweigen heraus sagte nach einer Weile ein Junge in der ersten Reihe mit schüchterner, nackter Stimme: »Das Pferd bekommt ein Baby.« Und ein Junge fünf Reihen dahinter rief mit belegter Stimme: »Oh, halt einfach die Klappe.«

Gesellschaftliche Randnotiz.
Brooklyn Heights: die Götterdämmerung.
Es war wirklich sehr nett von ihnen, aber darauf darf man keine Rücksicht nehmen; und muss man auch nicht. Von außen war es reines 19.-Jahrhundert-Heights, aber weil die Revolte der Tochter nicht über ein aufmüpfiges Faible für einen behaglichen Macy-Modernismus hinausging, war die Inneneinrichtung für ihre Eltern keine sehr große Herausforderung. Beide hatten große, lange, schmale Gesichter und einen Zug beinahe orientalischer Grausamkeit in den Augen und an den auslaufenden Unterlippen: wie viele Ehepaare waren sie einander ein wenig schmeichelhafter Spiegel, und beide hatten die seltsame leichige Trockenheit aller, die ein engstirniges, menschenfeindliches Leben

führen. Es gab schwache Sidecars, die wie üblich von einem sanftmütigen, gesitteten und verdorbenen Mädchen fremder Abstammung serviert wurden, einen Drink für jeden und noch einen halben extra für mich, und dann gingen wir zu Tisch. Von einer großen, leeren Servierplatte starrten mich vier edle Orchideen an; aber ich sagte nichts dazu. Der Erker hinter den schönen schlanken Palmen lag in gedämpftem Licht, und die Vorhänge waren mit ostentativ gutem Geschmack, also dem schlechtesten überhaupt, zugezogen und versperrten den großartigsten Ausblick im Großraum New York. Zu essen gab es hervorragend zubereitete ausgelöste Täubchen, in feinstem Speiseöl gebratene kleine Kartoffeln, soßenlosen Spargel und einen außergewöhnlich schmackhaften Nachtisch aus Erdbeeren, Baiser und Eis, eine Komposition, deren Namen zu kennen mir die Weltgewandtheit fehlt: Alaska gebacken, vermutlich: und als das Essen auf- und abgetragen wurde und mich, vielleicht zu Unrecht, das Gefühl beschlich, dass das nicht unbedingt das alldienstägliche Abendessen war und diese Verfeinerung weniger der Gastfreundlichkeit geschuldet war denn dem Wunsch, einen gewöhnlichen Bürger zu beeindrucken. Nur leider schmeckt mir aber das vergammelte, mit Einbalsamierflüssigkeit aufgefrischte Fleisch am besten, das in der Fulton Street billig an Neger verkauft wird, die nie in den Genuss eines gründlichen Biologieunterrichts gekommen sind und in diesem Leben auch keinen Hauch einer Chance mehr dazu bekommen, so dass sie nicht in der Lage sind, diesen Geruch als das Alter Ego des Todes zu erkennen. Während wir aßen, sprach sie. Das alles wiederzugeben, reicht der Platz nicht. (Ich verweise auf Swifts *Polite Conversation*), aber ein klein wenig davon kann ich mir nicht verkneifen. Zum Beispiel das über den Privatpark, in dem die letzte der Misses Pierrepont noch immer ausgewählte Kinder spielen lässt, deren Mütter je einen Schlüssel bekommen haben, natürlich nur unter der strengen Auflage, auf gar keinen Fall kleine Freunde mitzubringen, zumindest nicht ohne ausdrückliche Genehmigung. Gramercy Park; ja; nur viel schöner, und noch dazu privat. Natürlich haben Sie von Stuarts Washington-Porträt gehört; jenes, das Lafayette für das ähnlichste hält. (So schön und so privat.) Und in Bellport hat meine Jüngste eine gute Partie kennengelernt (einen Stahlmagnaten): nennt ihn schon (bei einem Oberschichtkosenamen aus dem Bereich des Nautischen). Ich fragte, in böser Absicht wegen der Zweideutigkeit, ob man sich in Bellport etwa »gemischt« habe. Sie zuckte zusammen, fing sich aber rasch: »Aber nein, es sind alles Amerikaner.« (Der ging an mich, Walküre.) Obwohl man heutzutage natürlich nicht sicher sein kann, *was* den eigenen Töchtern am Packer Institute so begegnet. Aber natürlich (ja, natürlich) lernen sie so, den richtigen Leute zu begegnen; das ist eine gute Erfahrung, eine gute Übung, da lernen sie was fürs Leben. (Ich nicke. Denke an die armen reichen Töchter der Juweliere und Bauunternehmer, deren Eltern schuld sind: und was an den Eltern an jenem Verbrechen schuld ist.) Und natürlich diese Höhere Töchterschule. (Ich gebe vor, noch nie vom Packer Institute gehört zu haben.) Ach, eine Ausbildungsstätte für Kunst und für *Wissenschaft*: ... ausgezeichnet ... wunderbar ... Akademie für Musik ... Boston-Symphony-Vorträge ... die Akademie ist jedes Mal bis auf den letzten Platz besetzt, wenn William Lyon Phelps (Browning entdeckt) ... Aber in letzter Zeit lässt das, glaube ich, etwas nach. Der neue Direktor will, dass sich alle *mischen*; eine Schule für *ganz* Brooklyn; natürlich leben in *Hill* und *Park Slope* und unten in *Flatbush* auch wirklich *nette* Leute, denen man sonst *nie* begegnen würde, aber trotzdem ... da trifft man ja seinen eigenen Friseur ... kurz, es scheint, dass jene Damen, die der angenehmen Illusion erlegen sind, sie wären das Höchste der Gefühle und hätten den Geist auf diesem Planeten für sich gepachtet, allmählich das Interesse an »Kultur« verlieren, jenem klammheimlichen Antichristen, der an sich schon mehr ist, als sie je besessen haben.

Nach dem Essen wird kein Kaffee gereicht: reichlich spät und etwas widerwillig wird Likör angeboten, Chartreuse und Grand Marnier stehen zur Wahl. Ich bekomme eine bezaubernde Glasmalerei aus der Frühzeit New Yorks zu sehen, besser als alles im City Museum, lehne (höflich) eine Zigarre ab und werde zu einem ernsthafteren Gespräch nach oben in die Bibliothek geführt. Auf dem obersten

Treppenabsatz dreht sie sich um, und mit einer Andeutung von Schalkhaftigkeit in der gedämpften Stimme ergreift sie in der unbeschreiblichen hintergründigen Art, mit der solche Damen das Führen übernehmen, die Führung; »Mr ___; äh, Mr. A., ich hoffe sehr, dass Sie (augenzwinkernd) *nicht* schreiben, dass *alle* Schlafzimmer in Brooklyn (augenzwinkernd) scheußliche, schmutzige, stickige kleine Kammern sind; (die Stimme noch gedämpfter: eine Tür öffnend:) sehen Sie doch«:

Der Raum ist etwa fünfundzwanzig mal fünfzehn Fuß groß; die breiten Fenster überblicken den Hafen und die gesamte Südspitze Manhattans; das Bett ist niedrig, misst acht auf acht Fuß. Ich frage mich, wozu sie das brauchen, und denke an die engen Grenzen, die Armut dem sauberen sinnlichen Talent der Juden und Neger setzt.

Als wir das Zimmer verlassen, wiederholt sie – und wirklich nur mit einem winzigen Anflug von Erpressung in der Stimme –, wie sehr sie sich auf den Artikel freut, den sie auch ganz bestimmt lesen wird. Hoffentlich haben Sie das nicht nur aus Höflichkeit gesagt, meine Teure: und ich wollte, ich hätte mehr von Ihren Freunden erwähnt, so unwichtig sie auch sein mögen.

Genauer meine ich mich an ihre Bemerkung zu erinnern: »... ein *fürchterliches* Viertel; fürchterlich: Neger in der Myrtle Avenue: Syrer, nur zwei Blocks von uns entfernt, die treten uns beinah auf die Zehen: also, *die sollten sie wirklich entfernen*.«

Die ersten Siedler im heutigen Brooklyn gingen 1636 in den Heights an Land. Schon 1642 lebte der einzige Indianerstamm auf Long Island zusammengedrängt an der sumpfigen Spitze von Montauk Point.

Vor fünfunddreißig Jahren, als Mr. George Hobson, ein angenehmer Anwohner von Hill, als Lateinlehrer an der Boys High School anfing, gab es dort kaum einen Juden.

Heute lebt ein Sechzehntel der Juden auf der Welt in Brooklyn und sie stellen die Hälfte der Stadtbevölkerung. Wenn »Gesellschaft« in Brooklyn Heights – Gesellschaft in der wörtlichen Bedeutung – überhaupt etwas heißt, was durchaus fraglich ist, dann muss man ehrlicherweise einräumen, dass die jüdische »Gesellschaft« vom Eastern Parkway und dem St.-George-Ball- und Veranstaltungsraum ungleich wichtiger, mächtiger und würdevoller ist als jene, die sich am bröckelnden Rand von Brooklyn Heights drängt.

Schön zu hören, dass in den entsprechenden New Yorker Kreisen weder die einen noch die anderen ganz koscher sind: und dass man sich mit Letzteren sogar noch schlechter vor Gott und seinesgleichen sehen lassen kann.

(Oder gegenüber einem lärmigen betonierten Spielplatz in East New York, wo ein ausgezehrter Arbeiter von vierzig Jahren, in dessen Gesicht sich noch immer die fremdartigen Züge des Todes abzeichnen, im Küchenschaukelstuhl auf seiner winzigen Wiese in der freundlichen Sonne sitzt, den schmutzigen Kunstseidenbademantel eng um den Leib geschlungen: das Kinn so weit eingezogen wie irgend möglich, starrt er mit diamantengleichen Augen und sorgendurchwütetem Stirnrunzeln auf die Lebhaftigkeiten der Schuljungen, der Mund auf einer Seite zu einem zuckenden Lächeln verzogen:)

Oder in Bay Ridge, in hübsch ruhiger Entfernung zur Stadt, ein Fahnenmast in der Meeresbrise, die vielen Apartmentblocks mit dem mechanischen Fassadenschmuck des skandinavischen Stils; die in einem braunen Roadster wartende junge Frau; Mutter und Kind, die vor dem U-Bahn-Eingang stehen; und alle fünf Minuten, unter den Gehgeräuschen trockener Blätter, der Aufstieg der zaghaft oder selbstzufrieden Fügsamen aus dem Untergrund: die junge Frau verliert die Geduld und fährt weg; die Mutter und ihr Ehemann küssen sich nicht zur Begrüßung; zwei Männer mittleren Alters kommen ins Gespräch vertieft herauf, aber die meisten anderen Wiederauferstandenen verraten durch nichts, dass sie einander kennen, sondern gehen allein zu ihren Abendmahlen; und langsam drängt sich die unvorstellbare Einsamkeit der meisten Familien auf:

Oder Bensonhurst, wo nicht unwohlhabende Juden in Doppel- und Einfamilienhäusern und kleinstadtgroßen Apartmentblocks entlang baumbestandener Straßen beinahe so leutselig wie in den Ghettos miteinander leben; die zufriedenen Frauen, die in Augen und Kleidung aufschimmernde Sexualität der Schulmädchen, die feisten Beinchen in den Hosen der übermäßig wohlgenährten Kinder, der Vater, der auf der kleinen Rasenfläche sitzt und mit vor ruinöser Begeisterung naphtalinleuchtenden Augen seinen Sohn ansieht; die pummeligen blonden Jungen, die mit hervorragend gepolsterten Handschuhen aus gelbem Leder auf der Straße schweigend Schlagball spielen; der Universitätsstudent, der seine weichen dunklen Züge mit rauem Tweed auszugleichen versucht; die fünf Mütter mit sieben Kindern im Hof eines Apartmentblocks, die alle Eis in der Waffel lecken, alle Himbeere; das heranwachsende Mädchen mit himmelwärts gerichtetem Blick, der zugleich erregt und unschuldig ist; das Wiedererscheinen des Tweed-Studenten mit Eistüte, Himbeer-Geschmack:

Oder Brighton Beach, die gesichtslosen Apartmentblocks, die in ihrem eigenen Schatten frösteln, und die fröhlichen bonbonfarbenen Backsteinhäuser, in jedem einzelnen ein Zimmer zu vermieten, und die barackenartigen Bungalows und die vor der Schule auf ihre Kinder wartenden Eltern; die leuchtend orange und blauen Holzeinfassungen der Häuser, die winzigen Synagogen:

Oder Sheepshead Bay, die schlichten kleinen, noch aufgebockten Boote in den Farben und Formen von Kinderzeichnungen; die verzweifelte Hoffnungslosigkeit des verwahrlosten Randes von Brooklyn; die schwarzgebauten Ruderhäuser mitten im Nichts; die unerträglich anrührenden, aus Kleinholz zusammengezimmerten Hütten auf Stelzen über dem Gestank des Watts; die eine Höhe erreichenden Einstiege der Abwasserschächte, auf der Robert Moses einen weiteren seiner Parks mit glitzernden Schwimmbädern einrichten wird und damit das Ende der Baracken besiegelt:

Oder Canarsie, dieses endgültige Ende der Welt, dieser Witz selbst für Brooklyn, sein hinterster Winkel; der Abgrund an Verzweiflung, die ausgemergelten Häuser, der blanke Sand, der abgetakelte Nachtclub mit dem Schild »Hier spannt Ihnen keiner das Mädchen aus«, der neue Nachtclub inmitten der brachen Stille, dessen glänzende Dekorelemente von Männern mit Ehrgeiz bündig ausgerichtet werden; die Schatten in der letzten Straße und an ihrem Ende ein kleiner junger Backsteinbau, dessen erster Stock bewohnt ist; die Reihe dunkler schmalbrüstiger verschindelter Häuschen, die auf der anderen Seite des Parks auf die untergehende Sonne und das öde Land blicken und zu sagen scheinen: »Irgendwie haben wir's im Leben nicht sehr weit gebracht«; und der Park selbst, brandneu, eine künstliche grüne Insel in diesem Sorgenmeer und ein wenig Lärm in dieser Stille: Blätter fächeln sachte und Menschen liegen im Schatten, ausgestreckt auf dem jungen Gras, Mütter, junge Mädchen, zwei Jungen zusammen; und sie sinnieren oder reden unhörbar; auf Bänken sitzen farblose Männer im Abstand voneinander und schweigen. Ein Mädchen hüpft und hüpft und hüpft mit einem Riesenball auf dem Betonboden. Der Wind frischt auf und das sich neigende

Licht wird golden. Vögel plaudern in den verstummenden Blättern und leises Kinderschreien wiegt sich in der Brise, aber all diese Geräusche werden vom Wind weggetragen und schließlich sind sie fast nicht zu hören.

Sonntags im Prospect Park sind alle da, auf dem See, auf den geschwungenen Wegen, eingesät in das Rasenmeer; die Alten und Matten, die Liebenden und Jungen; die inmitten ausschwebender Saaten auf sanften Winden dahingetragen werden: eine Familie streitet leise beim Zusammenpacken von Decken und Körben; umgeben von einer Aura von Bestimmung und Geheimnis schreiten vier hutlose junge Männer in dunklen Mänteln rasch über das weite Gras: ein allein dahinlaufender kleiner Junge springt auf einmal in die Luft: ein anderer kleiner Junge und ein älterer Mann mit zusammengerolltem Regenschirm Hand in Hand: das hintere Ende eines Metallschwans, ein Traktorsitz und Fahrradpedale: ein Vater, fünfzigjährig, Arbeiterschicht, lehnt an einem Baum, hält vier identische Hüte am Gummiband und sieht mit eisern zärtlichem Blick aufs Wasser: zwei kleine Mädchen stehen auf zwei Steinen am sich kräuselnden Wasser und zögern voreinander wie balzende Insekten: eine alte Frau mit der Figur einer Bärin sitzt in ihrer fruchtbaren Fülle allein auf einer Bank und hält die Hände über dem Bauch gefaltet; schweigend und aufmerksam beobachtet sie, was um sie herum geschieht, und lässt den über ihre Wangen rollenden Tränen freien Lauf: drei Jungen und drei drahtige Mädchen in Arbeiterkleidung streichen mit den tiefgründigen wachsamen Augen wilder Tiere an ihr vorbei: vier Paare, eines des anderen nicht gewahr, schieben hintereinander Kinderwagen über einen Weg; drei sind ernst, eins ist mit sich im Einklang: plötzlich kniet ein junger Mann vor einer lächelnden jungen Frau in goldener Bluse nieder und hält wie ein Tenor das Fotoauge mit beiden Händen vor seinem Herzen: sechs schick gekleidete Negerjungen zwischen acht und vierzehn trotten hinter einem siebten her, der ein nagelneues beige-ultramarinblau-goldenes Fahrrad mit einem makellosen, am Ende des Hinterradschutzblechs baumelnden Fuchsschwanz schiebt: er fährt nicht, sondern wacht beständig über sein wunderbares Gefährt mit der Leidenschaft eines Hengstes und der Verehrung eines Bräutigams; sein Blick ist verschleiert, und er ist unsagbar gerührt und einsam: nachdem er das Foto gemacht hat, erhebt sich der junge Mann und klopft sich den Schmutz vom Knie: schnell, aber mit wackligen Kleinkinderbeinen laufen fünf weit voneinander entfernte Kinder über eine Wiese; von hier aus gesehen, ist keines größer als eine Mücke: auf einem abgelegenen Weg küsst ein Junge mit schlankem Nacken seine dickbeinige Freundin, und beide lachen und küssen sich wieder; sie schmiegt ihren dunklen Kopf eng an seinen Hals und mit verschlungenen Armen wanken sie wie Betrunkene von dannen: auf einem einsamen Spaziergang in der Schönheit des botanischen Gartens steht eine ältere

Dame ganz still einem Rotkehlchen gegenüber, das ganz still steht, auf den Gehweg pickt und mit einem Auge direkt auf die Frau blickt; sobald sie bemerkt wird, lächelt die Dame listig und furchtsam zugleich, wie ein Kind, das Angst hat, geschimpft zu werden: jeder ein Spiegel der ganzen rätselhaften Vergangenheit und Gegenwart und Zukunft des anderen und jeder ohne Blick für die Warnzeichen, bewegen sie sich zu Hunderten und Tausenden in einer solchen Weitläufigkeit über all diese langgezogenen, leicht ansteigenden, schönen Rasenflächen, dass sie kaum je als Masse erscheinen, sondern als eine eigene, über eine junge grüne Welt verteilte Rasse, und ihre Regungen in diesem Raum sind die einer Kultur auf einem Objektträger:

(Und mit der Geschwindigkeit eines Spaziergängers auf der Washington Avenue, während das Gesims eines Apartmentblocks schrittweise verschwindet, tauchen vor einem bleiernen Himmel auf der Fassade des Institute of Arts and Sciences, wie bei einer Parade einer nach dem anderen, Buchstabe für Buchstabe, Ziffer für Ziffer, allmählich die Namen und Abbilder der Edlen auf: Konfuzius: Laotse: Moses: David: Jeremia: Jesaja: Petrus: der Heilige Paulus: Mohammed: und zwischen den Säulen jeweils: Sophokles: Perikles: Herodot: Thukydides: Sokrates: Demosthenes:

Ungerührt steht das große graue Gebäude, links bevölkert sich langsam der Himmel:

Oder gegen Abend im Zoo, die Schwarzbären mit Clownsschnauzen und diejenigen, die ihnen voller Wohlwollen zusehen: das leere Gehege: das verzweifelte Jaulen des einzelnen Eisbären, den vor Einsamkeit halb verrückten Blick starr auf das Schwarzbärgehege geheftet; das ruhiger und weicher werdende Licht, und wie wunderbar sich das auf manche Tiere auswirkt: die aufreizenden Neckereien und Umarmungen der rundmaskierten munteren Waschbären und der offensichtliche Spaß dieser Balgerei dicker Fellleiber: der tiefe Graben, in den die Elefantendame Hilda von ihrem verspielten Gatten geschubst wurde, um an irremachenden Kreuzschmerzen zu sterben, und in den auch er kürzlich fiel: jener Käfig, in dem sich drei schwarzeiserne Adler mit unter herzzerbrechender Melancholie gekrümmtem Rücken wie erdgebundene Bussarde von Ast zu Ast ihres borkenlosen kleinen Baums fallen lassen, »Den Kindern New Yorks vom Brooklyn Daily Eagle gestiftet«: und durch die Dämmerung das Leiden des Bären: Au: Auu: Auuuu!: und das Gerempel und Gejuxe der lustigen Waschbären: und die Kängurus, manche orange, manche rehbraun und mit Augen so seelenvoll wie die von Giraffen oder viktorianischen Romanheldinnen, bewegen sich wie Rollstühle: und die Hirsche:

Es ist jetzt fast dunkel und die Lampen sind an; der Himmel ist eine makellose Perle. Die meisten Leute sind fort.

Jene königlichen Anarchisten, die zu Symbolen des Journalismus wurden, sitzen reglos da. Der Bär heult noch immer, jämmerlich wie ein Säugling, der auf dem Dachboden eines verlassenen Hauses vergessen wurde. Die jungen Hirsche in ihrem Auslauf haben sich verwandelt. Sie werden nicht mehr beobachtet und es ist nicht nur das: auch ihr Herz und ihr ganzer Leib werden ergriffen von dieser atemberaubenden mystischen Ekstase, welche die Dämmerung in ihnen und in jungen Ziegen hervorruft. Ihre Augen sind heilig, unschuldig, wie die der Ziegen dämonisch. Sie gleiten dahin, Kopf und Körper elritzengleich: dann ein plötzlicher Wechsel, wie losgelassen springen sie in großen Sätzen davon, die scharfen Hufe in der weichen Erde präzise wie Meißel und Mozart: und mittendrin wird sich einer von ihnen plötzlich hoch in die Luft erheben, Hufe weit nach oben gestreckt, schwanzwedelnd, den ganzen Körper in einem Spasmus der Lust an sich selbst hinaufschraubend (während die Kängurus beieinander hocken und hoppeln): und selbst jetzt; es wird rasch dunkel: mit der wütenden Freude am Leben und dem zornigen Widerwillen eines Kindes gegen den Tod auch nur eines Tages stürmt noch einmal ein Kitz durch das leere Gehege und steigt, von sich selbst begeistert, dreimal hintereinander in die Luft: und aus dem gefallenen Glanz der Luft, eine Weile leise, dann ständig lauter, mit feierlichem Röhren hervorgetrieben aus der Hölle und bis an die Ränder dieses grünen Parks und dieser Welt, ein derart unerschöpfliches wildes Heulen, das den Grund des Herzens gefrieren lässt.

Editorische Notiz

1939 erhielt James Agee von dem Wirtschaftsmagazin *Fortune* den Auftrag, für eine Sondernummer zu New York City einen Artikel über Brooklyn zu schreiben. Agee bezog für zwei Monate ein Zimmer in Flatbush, von wo aus er die Erkundungen für seinen »Reisebericht« über Brooklyn anstellte und ihn verfasste. Die Zeitschrift lehnte Agees Entwurf mit dem Argument ab, er sei »too strong to print« – für eine Veröffentlichung ungeeignet –, und übernahm für die Ausgabe letztlich nur eine einzige Zeile daraus. Der Essay erschien erst 1968 unter dem Titel »Brooklyn Is« in *Esquire*; die vorliegende Übersetzung beruht auf der Ausgabe der Fordham University Press aus dem Jahr 2005, aus der auch das Vorwort von Jonathan Lethem stammt.

Nicht nur in diesem Text wollte sich Agee von dem Zeitschriftenstil, den er als Mitglied der *Fortune*-Redaktion kennengelernt hatte und der auf den breiten Publikumsgeschmack zielte, absetzen. Dies gilt auch für einen früheren *Fortune*-Auftrag, den 1936 bestellten Artikel über drei Pächterfamilien in den amerikanischen Südstaaten, den er gemeinsam mit dem Fotografen Walker Evans übernommen hatte. Auch diese Arbeit wurde von der Zeitung abgelehnt; 1941 mit erweitertem Text unter dem Titel *Let Us Now Praise Famous Men* (*Preisen will ich die großen Männer*, 1989) als Buch erschienen, sollte sie zu einem der bekanntesten Werke der amerikanischen Dokumentarkunst werden.

James Agee wurde am 27. November 1909 in Knoxville, Tennessee, geboren und starb am 16. Mai 1955 in New York City. Er war Dichter, Journalist, Filmkritiker und Drehbuchautor; so wirkte er an den Drehbüchern zu *The African Queen* und *The Night of the Hunter* mit. Für den zwei Jahre nach seinem Tod erschienenen Roman *A Death in the Family* (*Ein Todesfall in der Familie*, 2009) wurde er posthum mit dem Pulitzer Prize ausgezeichnet.

S.K./A.S.